HANS KUDSZUS

HANS KUDSZUS
Das Denken bei sich APHORISMEN

Mit einem Vorwort von
Dieter Hildebrandt
und einem Beitrag von
Theodor W. Adorno

Herausgegeben von
Albrecht Pfundt

BÜCHERGILDE
GUTENBERG

AUF DER SUCHE NACH DEM LABYRINTH
EINE HOMMAGE FÜR HANS KUDSZUS
VON DIETER HILDEBRANDT 7

HANS KUDSZUS
DAS DENKEN BEI SICH 17

HANS KUDSZUS
VON THEODOR W. ADORNO 75

BIOGRAPHISCHE NOTIZ 79

EDITORISCHE NOTIZ 85

ÜBER DIETER HILDEBRANDT 91

ÜBER THEODOR W. ADORNO 92

AUF DER SUCHE NACH DEM LABYRINTH

EINE HOMMAGE
FÜR HANS KUDSZUS
VON DIETER HILDEBRANDT

»Man könnte ihn einen Denker nennen, wenn er zu seinen vielen Fäden ein Labyrinth gefunden hätte.« Treffender als mit seinem eigenen Aphorismus kann man Hans Kudszus nicht charakterisieren – den einsamen Berliner Querkopf, den Hans-guck-in-den-Grund, eine Gestalt fern von jeglichem Betrieb, ein wortkarges Unikum in der Welt des Geredes. Beschworen wird die Erinnerung an einen Mann – eingenistet in eine stereotype Neubauwohnung, zuhause aber in vielen durchwachten Nächten –, der sich als einzigen Luxus den leistete, seinen Kopf für sich zu haben, sich seine eigenen Gedanken zu machen und so zu schreiben, als müsse er mit jedem Satz die Sprache neu erfinden. Zum Beispiel: »Er fand so viele Themen für sein Schweigen, daß für sein Schreiben keines mehr übrig blieb.« Oder auch: »Er fand keine Worte mehr, weil er sich selber dauernd ins Wort fiel.« Oder, ins Heitere gewandt: »Er hatte sich die sokratische Maxime des ›Erkenne dich selbst!‹ zu eigen gemacht, und seitdem klatschte er mit sich selber über sich selbst. Jeder Mensch seine eigene Kleinstadt!«

Also ein Weltfremder? Ein Asket? Ein Misanthrop? Einer jener Unleutseligen, die nur deshalb einsam sind, weil es die andern nicht mit ihnen aushalten? Einspruch, Euer Ehren. Dieser Hans Kudszus war so weltbegierig wie nur je einer; aber er brauchte nicht die große Öffentlichkeit, nicht hörige Studenten und Jünger, nicht Colloquien und Tagungskameraderie, er war bedürftig nach einem Markt wie Sokrates. Hans Kudszus ging gern »unter die Leute«. Und so konnte man sich gelegentlich mit ihm verabreden – nicht in piekfeinen Restaurants, sondern in einem jener Berliner Lokale, die man wegen ihrer Lage Eckkneipen nennt.
Da saß er dann und brachte seine Sätze zur Welt. Seine Nächte an den Tag. Seine Einsamkeit an den Mann. Zuerst in Form von kleinen Zetteln, die er mit Bleistift vollgeschrieben hatte. Während er sie stumm studierte, kam eine zaghafte, scheue Vorfrage: »Können Sie das unterschreiben?«, oder »Halten Sie das für möglich?« – und dann erst die wirkliche Eröffnung, nicht als Lektüre, sondern als Eruption. Nun ging der Eremit wahrhaft »aus sich heraus«, der Stille im Land geriet regelrecht in Ekstase, wurde von den eigenen Sätzen aufgeputscht und in ein Fortissimo der Stimmkraft getrieben, das die Kneipe zum Hörsaal machte.

Da sahen sich dann die wackeren Berliner Bierzischer und Bockwurstbeißer verblüfft und irritiert um, wenn auf einmal, zwischen ihren Fußballgesprächen und Skatreizungen, unerhörte Sentenzen wie Fremdkörper, ja wie Sprengsätze, durch den Raum flogen. »Der Tod ist der dernier cri des Lebens!« rief er etwa aus, oder »Die Idee ist das Staatsbegräbnis der Realität« oder »Wer die Wahrheit liebt, muß den Zweifel heiraten«. Er hatte in solchen Momenten nichts Theatralisches, sondern eine spürbare Dämonie, eine magische Souveränität. Was Hans Kudszus da vorführte, war Sprache in statu nascendi, war das Atemholen des Gedankens.
Nein, Misanthropie war seine Sache nicht, und daher war ihm (bei allem Skeptizismus, der uns aus seinen Aphorismen anweht), der gleichsam eingefleischte Pessimismus Schopenhauers zuwider.
Er hielt es – mitten im Kalten Krieg, mitten im frontalen Berlin – eher mit Karl Marx, dem er einen seiner größeren Aufsätze widmete und ihm darin das »Für die Welt arbeiten« nachrühmte.
Noch einmal der Eingangs-Satz: »Man könnte ihn einen Denker nennen, wenn er zu seinen vielen Fäden ein Labyrinth gefunden hätte.« Dabei kann man gar nicht anders, als Hans Kudszus

einen Denker zu nennen. Seine vielen Fäden – das waren die losen Enden des nicht Denkbaren, der Paradoxien und Antinomien, das waren die Tricks, mit denen sich das Denken beim Denken selbst auflauern will. »Könnten wir sagen, was wir denken, so vermöchten wir auch zu denken, was wir sagen.« Hans Kudszus steht damit in der Nachfolge Ludwig Wittgensteins, dem er dennoch die (im Alter immer größer werdende) Stirn bot. Denn gegen Wittgensteins Befund, die Philosophie sei der Kampf gegen die Verhexung unseres Verstandes durch die Mittel unserer Sprache, wandte Kudszus couragiert ein: »Eine undialektische Vereinfachung unserer Situation. Denn es gilt auch: Die Philosophie ist ein Kampf gegen die Verhexung unserer Sprache durch die Mittel unseres Verstandes.« Will sagen: Hans Kudszus nahm es mit allen auf.
Was seine Aphorismen unterscheidet von den berühmteren seiner Zeitgenossen, ist nichts Formales oder das, was man neuerdings »content« nennt, sondern ihr existenzieller Charakter. Sie sind nicht Beiwerk, sondern Werk. Sie können sich nicht auf den Horizont eines größeren Produktionszusammenhangs, auf ein work in progress oder populärere Publikationen berufen: sie stehen, wie ihr Verfasser, für sich. Die »Auf-

zeichnungen« Elias Canettis sind gleichsam Begleitnotizen zu seinen epochalen Arbeiten (etwa: »Masse und Macht«), die »Sprüche und Widersprüche« von Karl Kraus sind Funken seiner »Fackel«, seiner 37 Jahre lang erschienenen polemisch-kritischen Zeitschrift, die »Minima Moralia« Theodor W. Adornos sind zu verstehen als Abbreviaturen eines gesellschaftskritischen philosophischen Maximums –, aber Kudszus hat kein »eigentliches« Oeuvre, in das seine Aphorismen »eingebettet« wären – sie sind Text ohne Kontext. Sie sind Hinterlassenschaften eines Mannes, der auch als Aphoristiker gelebt hat. Von Geistesblitz zu Geistesblitz. Und dem wir vielleicht deshalb die schönste und treffendste Definition des Aphorismus im Zwanzigsten Jahrhundert verdanken: »Jeder Aphorismus ist das Amen einer Erfahrung.«

Der Satz findet sich in dem einzigen Buch von Kudszus, das zu seinen Lebzeiten veröffentlicht wurde – bezeichnenderweise nicht von ihm selbst. Der schöne weiße Band in der nachgerade klassisch gewordenen »Bibliothek Suhrkamp« (Nr. 252) kam 1970 ohne Zutun des Autors – der damals schwer erkrankt war – nach Art einer Festschrift zustande, vor allem dank der editorischen Vorarbeit des Freundes Joachim Günther. Als Herausgeber hätte sich Kudszus wohl Theodor W. Adorno gewünscht, der von den Blitzgescheitheiten des Berliner Monologisten beeindruckt war. Adornos Tod im August 1969 vereitelte die Patenschaft, und so geriet der ehrenvolle Freundschaftsdienst eines Vorworts an den, der auch dieses schreibt. Da der Band nur eine kleine Auflage hatte und alsbald vergriffen war, konnte er Hans Kudszus nicht wirklich vom Bann des Geheimtips befreien. Doch die Leser, die er fand, verwandelten sich meist rasch in Liebhaber.

Die gut dreißig Jahre seither haben ein wahres Aphorismus-Festival gezeitigt: Anthologien sind die große Mode (und fast ein Erfolg) geworden, und in der Sammlung »Deutsche Aphorismen« des Reclam Verlages steht Hans Kudszus nun, nur durch eine Seite getrennt, neben Theodor W. Adorno. Und er wäre wohl belustigt (oder irritiert) über das Brainstorming, das die Wissenschaft in den letzten Jahrzehnten betrieben hat beim Versuch, den Aphorismus zu definieren, seine Geschichte zu verfolgen und entlegene frühe Texte auszubreiten. Aber es scheint, daß der Gattung des Aphorismus in der Epoche der Fraktale und Fragmente, der Spots und der Nano-Einheiten, inmitten der allgemeinen Dekonstruktion neue, existenzielle Bedeutung zukommt.

Wenn die Wissenschaft dabei den Begriff des Aphorismus immer weiter selbst dekonstruiert (bis vor lauter Gedankenspänen, Maximen, Apokryphen, Fragmenten, Sprüchen, Kurzprosatexten, Wortspielen etc. gar nichts mehr von ihm übrig bleibt); wenn sie sich in die verschiedenen Richtungen Wortgeschichte, Sachgeschichte und Gattungsgeschichte mehr verliert als orientiert und wenn sie schließlich ihre Befunde in Werken von vielen hundert Seiten präsentiert, so gehört das wohl mit zu den subversiven Ironien und Energien, die Mitgift guter Aphorismen sind.

Und noch einmal: »...wenn er zu seinen vielen Fäden ein Labyrinth gefunden hätte«. Das Labyrinth war eine von Kudszus' Lieblingsmetaphern, und es war wohl auch seine geheime Sehnsucht. Er war kein Theseus, den Ariadne mit ihrem listigen Faden hinausgeleiten mußte, er wollte wohl, paradoxerweise, hinein. Das Labyrinth, das er sich erträumte, stand dann nicht mehr für ein philosophisches System, für ein Lehrgebäude, für einen Bunker argumentativer Borniertheit, sondern für die letzte Konsequenz, für die äußerste Entsagung, für die unausweichliche Begegnung des Menschen mit sich selbst. Und so heißt denn ein weiterer Satz: »Labyrinthe geben sich als solche zu erkennen, wenn wir keinen Ausweg mehr finden.« Das aber hieß für Hans Kudszus nicht Resignation, schon gar nicht Fatalität, sondern der Zugang zu einem besonderen Geheimnis, zum uralten Stein der Weisen. »Produktive Gespräche über Abgründe führen wir nur mit denen, die darin umgekommen sind.« Und Trost ist dort auch zu finden, denn: »Ein Glück, daß Unglückliche andere glücklich zu machen vermögen.«

Nennen wir Hans Kudszus also guten Gewissens einen Denker und schreiben wir ihm auch sein besonderes Labyrinth zu. Für ihn war Denken nicht Zeitvertreib, sondern Lebenselixier. Für ihn war das Schweigen einer der kostbarsten Schätze dieser Welt. Sichtbar wird er heute – hundert Jahre nach seiner Geburt 1901, fast ein Vierteljahrhundert nach seinem Tod 1977 – als der einsamste, kapriziöseste und verwunschenste deutsche Aphoristiker des 20. Jahrhunderts. Den es noch einmal neu zu entdecken gibt.

HANS KUDSZUS
DAS DENKEN BEI SICH

Frag nach dem Sinn der Welt erst,
wenn du für ihn in der Welt des Sinnes
einen möglichen Platz gefunden hast.

Auch im Dunkel der Nacht bewegen wir uns
doch um die leuchtende Sonne.

Ihren Glanz verlieren die Dinge,
wenn sie uns zueigen werden.

Den Himmel sieht am besten,
wer auf der harten Erde liegt.

Und wohnen mit allen unseren Gaben
doch alle nur in einem Armenhaus.

Daß gelegentlich Perlen
vor sie geworfen werden,
festigt das Selbstbewußtsein der Säue.

Ein Eimer, den keine Kette hält, kommt nicht
mehr aus der Tiefe des Brunnens herauf.

Wer nur an das Gute glaubt,
hält es zum besten.

Jede Wüste bildet sich ein,
mal eine Oase gewesen zu sein.

Was lange währt, geht bald zu Grunde.

Dem Reifen beginnen frühere Leiden
zu klingen wie Memnons Säulen.

Vollkommene Schwermut
nimmt alles Schwere leicht.

Nur im Klang paradox:
Der Leichtfertige wird nie fertig.

Benennbares Leid ist halbes Leid;
unbenennbares doppeltes.

Durchgestandenes Dunkel leuchtet.

Es ist nicht unsere Schuld,
wenn um uns kein Licht ist.
Schuldig aber werden wir,
wenn wir nicht aus dem Dunkel
ins Licht treten.

Sackgassen lassen sich als solche
erst erkennen, wenn wir am Ende
angelangt sind.

»Auf Rosen gebettet«. Also auf Dornen.

Beneidenswerte Jugend:
Sie hat noch eine lange Vergangenheit
vor sich.

»Altern« heißt, die Menschen als Gespenster
und die Wirklichkeit als Phantasmagorie
erleben.

Der Kampf ist das schlechte Gewissen des
Sieges: Kein Sieg hält, was sich der Kampf
von ihm versprach.

Neid auf den Maulwurf:
ihm genügt als Licht das Dunkel.

Leben, das sich nur ausleben will,
lebt sich ins Aus.

Eine Hoffnung ist um so mehr sie selbst, je
kleiner sie ist.

Wer viel zu wissen glaubt,
hat wenig zu hoffen.

Einen Gordischen Knoten zu schürzen,
erfordert mehr Verstand,
als ihn zu durchhauen.

Erst durch sein Ende ist jeder Weg ein Weg.

Gegen Faszination kämpfen
selbst die Götter der Kritik vergebens.

Mich zur Entscheidung zwingen
kann fast jeder.
Niemand aber, wofür ich mich entscheide.

Handeln öffnet uns die Augen für das,
was wir nicht wollten.

Der nächtliche Raum ein übergroßes Ohr.
Wer hört mit, wenn man im Dunkel schweigt?

Wir hören eine Melodie erst richtig klingen,
wenn sie verklungen ist.

»Im Anfang war das Wort.«
Möglich. Bestimmt am Ende das Schweigen.

Auch Schweigen findet sein Echo;
oft lauteres als das Sprechen.

Wenn wir schweigen, sprechen wir Worte,
die wir nicht kennen.

Raritäten: Augenblicke, in denen wir taten,
was wir tun konnten.

Erleben gibt Fülle, Verzicht Profil.

Deine Trauer kannst du mit einem anderen
teilen, aber nicht deine Verzweiflung. Teilte er
sie mit dir, so hättest du sie nicht mehr.

Eine Ewigkeit will ich schon hinter mich
bringen. Wie aber den heutigen Tag?

Es gereicht dem Holz zur Ehre,
wenn schon Bretter die Welt bedeuten.

Das Tröstliche tiefen Schmerzes
ist sein Verzicht auf jeden Trost.

Des Menschen Angst vor dem Untergang
verleugnet den einzig möglichen Untergang
seiner Angst.

Das Standfeste ist leichter zu knicken
als das Bewegliche.

Jeder Morgen ist das Ende einer Nacht.

Wer wissen will, was er nicht wissen kann,
muß glauben.

Fanatismus:
Den Glauben an ein Absolutes
in einen absoluten Glauben verkehren.

Fanatiker der Wahrheit
verschandeln diese zur Unwahrheit.

Der Lärm des Daseins
beginnt mit der Sprache:
Jeder Laut ist laut.

Auf den Hund kann kommen,
wer vorher Tiger geritten hat.

Wer zerstören will,
findet immer ein Karthago.

Das vollkommene Labyrinth hat weder
einen Ausgang noch einen Eingang.
Es ist um uns wie das Meer um den Fisch.

Zwischen zwei Aphorismen
krümmt sich wie ein getretener Wurm
ein verlorener Faden.

Kluge bleiben am Eingang zum Labyrinth
stehen, in dem Weise sich verirren.

Im Labyrinth ohne Ariadnefaden sein
ist nicht so schlimm
wie einen Ariadnefaden
ohne Labyrinth besitzen.

Und am Ende fragt man sich:
Was suchtest du eigentlich,
daß du dich in der Irre
so verlieren konntest?

Das Seltsamste an einem Menschen ist,
daß es ihn gibt.

Er »brachte es zu nichts«,
weil er etwas war.

Unsere Augen sehen mehr mit uns
als wir mit ihnen.

Mangel an Phantasie hat schon manchen
zur Wahrhaftigkeit verführt.

Schwermut ist das Glück der Unglücklichen.

Das Hemd unserer Handlungen ist uns näher
als der Rock unserer Anschauungen.

Das größte Hindernis zur Weisheit
ist die Klugheit.

Wer mühelos bis hundert zählt,
muß nicht bis drei zählen können.

»Erkenne dich selbst!« Gut.
Und wie halten wir es dann
in uns selber aus?

Besser als gut kann der Beste nicht sein.

Wer überhaupt nicht von der Stelle kommen
will, braucht sich nur pausenlos zu bewegen.

Was der Kluge dem Dummen voraus hat:
Seine eigene Dummheit klug begründen zu
können.

Jeder Zwerg kann sich so ins Licht setzen,
daß er den Schatten eines Riesen wirft.

Er sagt kein unwahres Wort.
Aber sein Schweigen war Lüge.

Worte wahrer Größe waren nie große Worte.

Abenteuer: Sich in etwas ganz versenken,
ohne darin zu versinken.

Das kleinste Unglück übertrifft noch
das größte Glück an Fraglosigkeit.

Glück, das reflektiert, wirkt und wird albern.

Menschliche Ganzheit ist die Tugend
der Schwätzer.

Der Kluge ist immer
ein nur etwas weniger Dummer.

Mit am schwersten vergeben wir uns
die Augenblicke, in denen wir uns
etwas vergaben.

Wer immer nur sich selber treu bleibt,
erstarrt in sich selbst.

Güte ist ihr eigenes und einziges Motiv.

Wer wahrhaft wohltut, fürchtet den Dank.

Das Edle erliegt schon einem Anhauch;
das Gemeine erst einem Orkan.

Unser Intimstes ist der Schrein,
in dem andere Figuren als wir selber stehen.

Er klagte nie. Aber nicht, weil er kein Leid
erfuhr, sondern weil er ein Vertrauter des
größeren Leides war.

Mehr als seine Begabungen, die das Schicksal
ihm schenkte, ist der Mensch die Wunden,
die es ihm schlug.

Auf dem Grunde der Resignation,
Verzweiflung und Einsamkeit wuchert
das Unkraut der eigenen Lieblosigkeit.

Wer nur Freunde hat,
verdient keinen Feind.

Ab und zu so etwas wie Gesundheit
kann keiner Krankheit ernsthaft schaden.

Krankheit gibt es in der Mehrzahl.
Gesundheit in der Einzahl. Warum?

Wer leidet, macht zwar aus mancher Mücke
einen Elefanten; aber auch aus vielen
Elefanten eine Mücke.

Wichtig ist nicht, ob wir krank oder gesund,
sondern, ob wir auf gesunde Art krank und
nicht auf kranke gesund sind.

Wir können krank sein,
ohne Krankheiten zu haben;
Krankheiten haben, ohne krank zu sein.

Würden plötzlich die Steine und die Wasser
und die Pflanzen und die Bäume und alles
Getier sich in unserer Sprache über uns
äußern, würden wir allesamt vor Scham in
den Boden versinken. Wir leben dank der
Stummheit der von uns gefolterten Natur.

Kein Tier foltert.
Nur der Mensch,
das Ebenbild Gottes.

Wenn wir Glück haben, werden wir glücklich.

Ahnten wir, was der Schlaf ist,
so wüßten wir, was Bewußtsein ist.

Schlaf: Triumph der Nacht, auch der letzten,
über den Tag, auch den letzten.

Er blieb gern für sich allein,
um nicht einsam sein zu müssen.

Niemand mehr wird einsam sein,
wenn alle es geworden sind.

Der von allzuvielem Licht Geblendete
sieht das Licht so wenig
wie der ins Dunkel Verbannte.

Wer kein Licht mehr sieht,
sehnt sich nach Wärme.

Der Brunnen wartet auf den Krug,
bis er versiegt.

Da niemand an sich ein Gesicht hat,
zeigt jeder so viele.

Ein Kluger verrät sich durch sein Auge,
ein Gütiger durch seinen Blick.

Leuchttürme lassen sich selber im Dunkel.

Gute Leser lesen auch mit den Ohren. Gute
Hörer hören auch mit den Augen.

Er konnte sehr leichtsinnig sein,
nicht weil er zuwenig,
sondern weil er zuviel gelitten hatte.

Solange es noch Wände gibt,
zu denen wir sprechen können,
ist »Einsamkeit« der Titel
einer sentimentalen Legende.

Furcht vor Einsamkeit ist oft Angst,
sich selber zu begegnen.

Keine Rose fühlt ihre Dornen.

Liebe zur Einsamkeit
ist Mangel an Nächstenliebe.

Zu seinem Glück
ging das Glück an ihm vorbei.

Sucht ist unheimlicher Haß gegen Genuß.
Askese heimliche Liebe zu ihm.

Wer sich gehen läßt,
kann nie zu sich selber kommen.

Gelassenheit ist Windstille
über einer Ruine.

Jeder ist der,
dem er nicht entrinnen kann.

Altern ist gelebter Tod.

Auch des leidenden und sterbenskranken
Menschen Leben ist schön, weil es noch ist.

Ich bin der einzige,
zu dem ich nicht du sagen kann.

Mein Cartesianismus:
Ich wurde gefunden, also bin ich.

Das Siegel eines klugen Kopfes
ist sein intelligentes Schweigen.

Der Schaffende weiß nie, der Zerstörende
immer, was er wirkt.

Behandle jeden Menschen wie eine vielleicht
mißglückte Andeutung seiner selbst.

Wir hören nur auf die,
denen wir uns zugehörig wissen.

Keine Aggression diabolischer als die
Unterwürfigkeit. Sie bringt, à la longue,
jeden Herrscher zu Fall, weil sie seine Hybris
fördert.

Autorität verliert, wer sie beansprucht.

Das Größte, was wir uns wechselseitig geben
können, ist die Einsicht in das,
was wir uns niemals werden geben können.

Wenn jemand zu mir sagt:
»Was wollte ich doch sagen –?«,
spitze ich beide Ohren,
um hören zu können,
was er mir verschweigen möchte.

Ein Glück, daß Unglückliche
andere glücklich zu machen vermögen.

Und immer gibt es Menschen,
die genügend Zeit haben,
an mich nicht zu denken.

Brutalste Tat: Mörderisches Schweigen.

Kein Himmel kann seine Tore so fest
verschließen, daß nicht der Qualm
der Hölle in ihn dringt.

»Geht es Ihnen gut?« – Weiß ich nicht;
nur daß es den anderen weniger gut geht.

Wer sich nicht verausgaben will,
muß sich verschenken.

Meinen Kopf kann ich selber im Spiegel sehen;
nicht mein Gesicht.
Dies ist nur der andere.
Erst sein Blick läßt mich blicken.

Im Dunkel bedürfen wir
der Masken nicht mehr.

Wer oder was zu spät kommt,
ist doch noch gekommen.

Böse sind oft nur die Dilettanten
des Guten.

Was wir Böses taten, sagen wir uns selber;
was wir Gutes taten, hören wir nur von
anderen.

Hexen sind das Produkt ihrer Verfolgung.

Starke Gegner stärken,
schwache schwächen uns.

Mehr als den, der uns mit schlechten Gründen
verteidigt, sollten wir achten, wer uns mit
guten Gründen angreift.

Vernichten kann mich der mir Fernste,
nur der mir Nächste mich verletzen.

Böse haben bessere Gründe,
geliebt zu werden, als Gute.

Böser als wer Böses tut, ist, wer es zuläßt; er
riskiert nicht einmal sich selbst.

Wer aufhört zu hassen, wenn der Haß ihm
schadet, haßte nicht recht.

Wer uns eines Besseren belehrt, weiß damit
noch nicht um das Gute; nur das weniger
Ungute. Primat der Negation.

Den Meister schaffen die Jünger.

Aus Furcht vor der Liebe
wurde schon mancher lieblos.

Wer auf Glatteis ins Rutschen kommen will,
braucht nur einen anderen zu stützen.

Tot sind wir mitten im Leben,
wenn wir nicht mehr erwartet werden.

Wir fragen so viel nach den Gedanken,
so wenig nach den Phantasmen eines
anderen. Wie aber ohne diese jene verstehen?

Mit der Kirche ums Dorf gehen,
ist ein Zeichen von Kultur.
Daß der kürzeste Weg auch der fruchtbarste
ist, gehört zur Lebensgeometrie der Barbaren
(Hegel sagte einmal, der Weg des
Geistes ist der Umweg).

Wahrheit stirbt an verletzenden Formen
ihrer Mitteilung.

Wenn ich wüßte, was du bist,
wärst du nur, was ich weiß.

Wer für alles Worte findet,
macht uns sprachlos.

Idealer Dialog: »Wissen Sie…« –
»Nein; gar nichts«.
Und verharrten in Schweigen.

Mancher denkt an uns,
weil er vergaß, uns zu vergessen.

Auf daß sie beide, er und sie, nicht durch den
Wolkenbruch der Langeweile völlig durchnäßt
würden, spannten sie ihren Fernsehschirm auf.

Ironie ist Rache an der eigenen Ohnmacht.

Auch die ärgsten Gegner des Nudismus
zeigen bedenkenlos das Verräterischste des
Menschen: sein Gesicht und seine Hände.

Nekrologe können Tote töten.

Die Hölle ist der Ort, an dem jeder
vom anderen genau weiß, was er ist.

Er haßte ihn so tödlich,
daß er ihm ein ewiges Leben wünschte.

Opfer bringen, heißt: sie verschweigen.

Nächste menschliche Nähe:
Von jemand fortgehen,
ohne ihn zu verlassen.

Wegelagerer:
Der Nächste ist immer der, dem wir nicht
aus dem Weg gehen können.

Eine grobe Beleidigung vergessen wir
schneller als eine zarte Beschämung.

Ironiker wollen siegen, ohne zu kämpfen.

Die moralische Beurteilung einer Politik
hat immer nur Sinn als politische Beurteilung
einer Moral.

Wo Sklaven jubeln, erklingt noch nicht
die Hymne der Freiheit.

Die Füße von Flüchtlingen hinterlassen auf der
Erde die gleichen Spuren wie die Füße ihrer
Verfolger.

Wer Gründe hat zu lieben,
beraubt die Liebe ihres Grundes.

Er ist treu, weil er zur Untreue neigt.

Konjugation:
Ich muß sterben;
du darfst nicht sterben.

Wo wir nicht lieben, können wir uns wohl
verabschieden, aber nie Abschied nehmen.

Liebe hört das Gras wachsen
und die Sterne sterben.

Wer wahrhaft liebt, segnet den Geliebten,
auch wenn es ihn zerstört.

Als er kein Werk mehr vor sich sah,
wurde er der Liebe fähig.

Im Stein ein Herz zu finden,
ist eine Sache nur des Suchens.

Je mehr wir einen Menschen lieben, um so
weniger vermögen wir über ihn zu sagen.
Das Sagbare beleuchtet ihn wie eine Kerze
das Weltall.

Versuch einer Definition des »Du«:
zu dem ich mein Herz in die Höhe hebe.

»Wir sitzen alle im selben Boot.«
Und wie viele können rudern?

Echte Reue zielt auf das Gute,
das wir nie werden zeitigen können.

Gib dich anderen zu erkennen,
auf daß durch sie du dich selber erkennst.

Und führe uns ins Versuchung,
auf daß wir Milde walten lassen.

Im Vertrauen bejaht die Skepsis
ihre eigene Negation.

Götter gewähren gelassen die Gunst, sie bis
auf den Grund zu begreifen. Und da ruht ihre
Unergründlichkeit.

Noch nie litt es einen Gott über einen kurzen
Besuch hinaus auf unserer Erde. Das stimmt
traurig, wie das tiefe Dunkel der Nacht.

Dem Glauben an Wunder
geht das Wunder des Glaubens voraus.

Dem Lichte preisgegeben,
vertrocknet jede Wurzel.

Gott begnadet; der Mensch begnadigt.

Gott ist allwissend, aber nicht weise.
Der Weise nährt sich vom Geheimnis.
Und wer Geheimnisse schafft, kennt keine.

Nur wer aus einer Ferne lebt,
erkennt seine Nähe.

Wessen ich gewiß bin,
brauch' ich nicht noch zu wissen.

Grund ist, woran wir zugrunde gehen.

Und irgendwann wird unsere Substanz
die Beute unserer Leere.

Die Menschen unterscheiden sich weniger
durch die Götter, denen sie dienen, als durch
die Halbgötter, denen sie huldigen.

Es spricht gegen die Götter, daß noch keiner
von ihnen Selbstmord beging.

Götter und Geliebte sind schwerer
zu vergessen als zu begreifen.

Es »gibt« Gott nicht, weil er »ist«.

Alle Gründe jedes Glaubens
gründen im Glauben an den Grund.

Die Hölle ist immer Gegenwart,
der Himmel immer Zukunft.

Im Himmel und in der Hölle
sind Ärzte fehl am Platze.

Götzen sind von Göttern leicht zu
unterscheiden: Jenen werden mehr Opfer
gespendet als diesen.

Prometheus rettete die Götter vor ihrem Tod.

Der Weg zur Sphinx führt immer durch die
Wüste.

Jede Leiter, auf der wir in die Höhe steigen,
muß an eine Wand gelehnt sein.

Gnade öffnet die Tür,
bevor wir angeklopft haben.

Gott ist die einzige Conclusio
ohne Prämissen.

Der Heilige bedarf nicht der Moral,
wohl aber die Moral des Heiligen.

Mystiker dürfen das Laster lieben.

Wenn Gott nicht immer incognito reiste,
gäbe es keine Theologie.

Schutzengel:
Etwa Abaddon, der »Engel des Abgrunds«.

Die Fäden, die sie spinnen,
spielen wir den Nornen zu.

Wer eine Hölle zu beschreiben vermag,
verwandelt sie in einen Himmel.

Wenn die Götter gestorben sind,
wird der Tod geboren.

Gott läßt sich viel gefallen,
sogar die Theologie.

Zu jedem Tempel findet sich ein Gott.

Beter beten, weil sie beten,
nicht, um zu beten.

Gnade schenkt nur Himmelsleitern,
keine Fahrstühle.

Das Sein bringt die Zeit zum Verstummen;
und die Zeit das Sein zum Klingen.

Der Tod liebt uns,
sonst ließe er uns länger leben.

Ich bin der, der meinen Tod sterben wird.

Fürchteten wir nicht, daß der Tod nur das
Vorletzte ist, würden wir ihn nicht fürchten.

Selbstmörder können nicht sterben,
nur sich töten.

Mit unserem letzten Traum erst
beginnt die Nacht.

Vielleicht nicht realisierbarer Wunschtraum:
Durch die Wüste der Existenz
zur Oase des Todes.

Auch Trauer hat eine ihr eigene Heiterkeit.

Die Angst des Sterbenden jubelt,
daß er noch nicht tot ist.

Die Sterbestunde ist der Augenblick,
von dem an die Wüste der Vergangenheit
nicht mehr wachsen kann.

Schlimmster Tod:
Der zu spät kommt.

Auch die Toten haben Glück:
Sie brauchen nicht mehr zu leben.

Wenn der Tore zur Welt, die wir nicht mehr zu
öffnen vermögen, immer mehr werden,
wissen wir, daß der Tod sich uns nähert.

Trick vermeintlicher Todesbewältigung:
Das Ende des Lebens
zu seinem Ziel umfälschen.

Natürlich »wissen« wir alle,
daß wir sterben müssen.
Wer aber »glaubt« daran?

Erst wenn der Tod einmal stürbe,
lernten wir wahrhaft verzweifeln.

Der Antworten bedürfte nicht mehr,
wer das Fragen begriffe.

Fragen sind vorläufig noch unverschmutzte
»weiße Stellen« auf der Landkarte des Geistes.

Sei dankbar deinen Irrtümern.
Auch sie formen dich zu dir selbst.
Die positive Macht des Negativen.

Fand eine ganze Reihe treffender Ausdrücke.
Wofür, wußte ich nicht.
Daraufhin vergaß ich sie wieder.
Das weiß ich.

Wer einen Gedanken zweimal denkt,
denkt zwei Gedanken.

Die Frage, ob ich richtige Antworten auf meine Fragen fand, beunruhigte mich nicht so sehr wie die, welche Fragen ich nicht stellte; und warum nicht.

Schwerpunkte des Denkens
sind seine Fragezeichen.

Vorwärts geht auch,
wer einen Weg zurückgeht.

Sensibilität ruft nach der Idee.
Und die Idee tötet sie.

Einsicht in einen Irrtum
schützt nicht vor dessen Folgen.

Die Fermate jedes redlichen Gedankens
lautet nicht »Und so weiter«,
sondern »Und anders weiter«.

Den Maulwurf mehr lieben
als die Eule der Minerva.

Einen Gedanken aufschreiben,
heißt, sich seiner erinnern.

Schwierigkeit alles Denkens:
Wo suche ich den Gedanken,
der mich eben gefunden hat?

Wenn Gedanken ungestört ganz unter
sich sind, beginnen sie zu träumen.

Große Denker wissen mehr als sie sagen.
Sie verraten sich durch die von ihnen
verschwiegenen Gedanken,
die der Interpret zur Sprache bringen muß.

Wenn wir, wie Heisenberg einmal sagte,
von immer mehr immer weniger wissen,
bauen wir unentwegt an einer Welt
als einem asylum ignorantiae.

Weise wachsen in ihre Wurzeln hinab.

Cogito ergo sum:
So weiß ich, vor wem ich fliehen muß.

Gelegentlich besuchen uns überraschend
einige zarte Fremdlinge;
wir nennen sie eigene Gedanken.

Wer fremde Größe uns »näherbringen« will,
muß sie zur kleineren verfremden.

Keine größere Devotion vor der Wahrheit als
die Lüge. Das Positive strahlt heller als
anderswo in seiner Negation.

Wir sind, was uns übersteigt.
Eine produktive Art von Selbstentfremdung.

»Zeitgeist« ist Geist auch nur »auf Zeit«.

Ideologien sind Staatsbegräbnisse von Ideen.

Hat das Denken Schlagseite,
greift es zum Schlagwort.

Mit »Überzeugungen« argumentiert, wer nicht
mehr mit Argumenten zu überzeugen vermag.

Mein kürzester Aphorismus läßt sich nicht
sagen und nicht hören, nur zeichnen und
anschauen: »?«.

Das Skelett ist der Leib des Aphorismus.

Über sich selbst hinaus wächst nur,
wer seine Wurzeln tiefer senkt.

Zweifel sind Opfer, die der Denkende
der Wahrheit bringt.

Wahrheiten sind Wegweiser;
keine Wirtshäuser.

Ein Gedanke kommt nie allein.

Märtyrer der Ideen sind deren Zuhälter.

Unsere Gedanken sind unterbrochene
Ferngespräche mit der Wahrheit.

In sein Paradies gelangt jeder Gedanke,
wenn er die Hölle seines Ausdrucks findet.

Durch seine Form vermag ein Gedanke
zu verhindern, als Binsenweisheit
durchschaut zu werden.

Über Wahrheiten diskutiert man,
über Weisheiten sinnt man.
Jenen gehört der Dialog, diesen der Monolog.

Und glauben, uns der Wahrheit zu nähern,
wenn wir uns von unseren Irrtümern
entfernen!

Pädagogik:
Den Weg zu den Wegweisern weisen.

Bekommt das Denken »Angst vor der eigenen
Courage«, so flüchtet es in die Methode.

Dichten und Denken haben auch dies gemein:
Sie entdecken im heiteren Antlitz des Selbst-
verständlichen die grauenvolle Grimasse des
Unverständlichen.

Die Metapher ist der Begriff des Dichters
wie der Begriff die Metapher des Denkers.

Die besten philosophischen Werke
lehren uns – das Träumen.

Vorlautes Denken objektiviert sich im System.
Vorsichtiges im Fragment.

Unsere letzten Urteile sind Erinnerungen
an unsere ersten Vorurteile.

Durch sein Erlöschen
verliert kein Vulkan an Tiefe.

Wer wahrhaft sucht,
muß sich finden lassen.

Dunkel, das sich sprachlich artikuliert,
wird Licht.

Da wir nicht wissen, was wir tun,
wenn wir denken, können wir nicht denken,
wer wir sind, wenn wir etwas tun.

Ein Irrtum, bei dem sich jemand etwas gedacht hat, bringt uns der Wahrheit näher, als eine Wahrheit, bei der er sich nichts gedacht hat.

Denken macht uns umso glücklicher,
je mehr das Unglück uns zu denken zwingt.

Unruhe ist die erste Denkerpflicht.

Zweifel ist die Geduld des Geistes.

HANS KUDSZUS

VON THEODOR W. ADORNO

28. November 1966

Herr Hans Kudszus ist mir nicht nur aus seinen Publikationen, sondern auch aus vielen sehr eingehenden philosophischen Diskussionen, insbesondere über den Komplex der Fundamentalontologie und der Lehre von Nicolai Hartmann, aber auch über Dialektik, aufs genaueste bekannt. Um es ganz kurz zu sagen: ich wüßte heute in Deutschland schlechterdings keinen Menschen, der, von der Sache her, mehr dazu qualifiziert wäre, ein philosophisches Ehrendoktorat zu empfangen. Kudszus ist nicht nur von der eminentesten philosophischen Bildung und dem subtilsten Verständnis, sondern auch von einer wahrhaften geistigen Produktivität, die darum nicht geringer eingeschätzt werden kann, weil sie sich nicht in sogenannten großen Werken, sondern, außer im Gespräch, in ganz außerordentlich geprägten und substantiellen Aphorismen niedergeschlagen hat, deren Gehalt manche dicken Bücher aufwiegt. Ich selbst habe ihm – etwa zu dem gesamten Komplex der Andersheit, der in meiner eigenen Konzeption von Dialektik eine zentrale Rolle spielt – die fruchtbarsten Anre-

gungen zu verdanken. Daß Kudszus sein Studium nicht mit der Promotion abgeschlossen hat, ist allein biographischen Umständen zuzuschreiben, vielleicht auch dem, daß er zu jenem Gelehrtentypus rechnet, der so sehr in die Sache versunken ist, daß ihm dabei die Wahrnehmung der eigenen Interessen völlig zurücktreten und er darauf verzichtet, die äußere, offizielle Approbation zu empfangen. Mir will es scheinen, als wäre es unter den Funktionen der Ehrenpromotion nicht die geringfügigste, gerade in solchen Fällen gleichsam das zu korrigieren, was durch Lebensumstände und biographische Zufälligkeit von der wahren Bestimmung, und dem wahren Rang eines Menschen, divergiert. Hinzufügen schließlich möchte ich noch, wie sehr ich es bewundere, daß Kudszus, der, um sein Leben zu erwerben, journalistisch arbeiten muß, dadurch an Ernst und intellektueller Verantwortlichkeit nicht das mindeste eingebüßt hat.
Ich möchte seine Ehrenpromotion in der Stadt, in der er wirkt, aufs allerwärmste befürworten.

Professor Dr. Theodor W. Adorno

BIOGRAPHISCHE NOTIZ

Hans Kudszus wurde am 7. Juli 1901 in Schleswig geboren.
Eltern: Gendarmeriewachtmeister Max Kudszus und seine Ehefrau Berta (geb. Schmidt).
Geschwister: Ein älterer Bruder, zwei jüngere Schwestern.
Besuch der Domschule, eines humanistischen Gymnasiums, bis zum Abitur 1920.
Beginn der lebenslangen Freundschaft mit Hans Otto Borgmann (1901–1977), dem späteren Filmkomponisten und Musiktheoretiker.
Studium zuerst der Theologie, dann der Philosophie, Mathematik und der Klassischen Philologie in Kiel, München, Göttingen und Berlin. Nach 18 Semestern Abbruch des Studiums ohne Examen. Wichtigste akademische Lehrer: Heinrich Scholz, Werner Jaeger und Nicolai Hartmann.
In Berlin: Von Oktober 1931 an Tätigkeit als Versicherungsmathematiker bei der Berlinischen Lebensversicherung. Dort lernte er, schon am ersten Arbeitstag, seine spätere Ehefrau Else, geb. Langer, kennen. Nach langer Partnerschaft heiraten sie aber erst im Mai 1942.

Seit Beginn der 30er Jahre schrieb er nebenher für die »Deutsche Allgemeine Zeitung« über philosophische Themen, eine Tätigkeit, die ihm durch den befreundeten Bruno E. Werner vermittelt wurde.

Bis er im Jahr 1938 eingezogen wurde, wohnte Hans Kudszus weiterhin in einem Zimmer im Evangelischen Studentenwohnheim in der Borsigstraße 5.

Als einfacher Soldat diente er anfangs am Westwall, machte dann als Pionier zuerst den Frankreichfeldzug mit und war schließlich hauptsächlich in Rußland eingesetzt. Bei Kriegsende geriet der Oberleutnant und Bataillonsadjutant Hans Kudszus, der sich gerade zur Materialbeschaffung in Deutschland aufhielt, in englische Kriegsgefangenschaft. Aus dieser wurde er nach wenigen Wochen zu seinem Vater nach Schleswig entlassen.

Da er als Offizier der Wehrmacht eine Verfolgung durch die sowjetische Besatzungsarmee befürchtete, wollte Hans Kudszus noch nicht nach (Ost-)Berlin zurückkehren. In einer Wohnung in Hohenschönhausen (Suermondtstraße 23) wartete dort seine Frau, zusammen mit der gemeinsamen Tochter Marianne (geboren im April 1944), auf seine Rückkehr.

Noch in Schleswig wurde Hans Kudszus unter Lebensgefahr ins Krankenhaus eingeliefert und mußte sich einer schweren Magen- und Gallenoperation unterziehen; Rückkehr nach Berlin erst zu Anfang des Jahres 1947.

Im Mai 1947 Beginn der Mitarbeit beim »Tagesspiegel«, zu der ihn sein ehemaliger Kriegskamerad Walther Karsch aufgefordert hatte. Unterbrochen nur von längeren Krankheitsphasen (u.a. einer Tuberkuloseerkrankung) dauerte seine regelmäßige redaktionelle Tätigkeit bis ins Jahr 1968. Wieder schrieb er ausschließlich über philosophische Themen.

Hans Kudszus wohnte mit seiner Familie bis zum (genehmigten) Umzug nach Berlin-Wilmersdorf (Holsteinische Straße 32) im Jahr 1960 weiterhin in Ost-Berlin und konnte seinen Arbeitgeber nur als »Grenzgänger« erreichen.

Aphorismen von Hans Kudszus wurden im »Tagesspiegel« unter der lakonischen Überschrift »Kleine Einfälle« erstmals im September 1951 abgedruckt. Bis zum Mai 1974 erschienen dort weitere 100 Folgen der dann meistens nur noch »Anmerkungen« genannten Rubrik.

Ab 1954 arbeitete er außerdem für die »Neuen Deutschen Hefte«, die von Joachim Günther herausgegeben wurden, einem Freund seit der

gemeinsamen Arbeit bei der »Deutschen Allgemeinen Zeitung«.
Hans Kudszus wurde für seine philosophische Publizistik mit dem Kritikerpreis für das Jahr 1962/63 ausgezeichnet. Durch die Initiative von Wilhelm Weischedel erfolgte im Juni 1967 die Verleihung der Ehrendoktorwürde der Philosophischen Fakultät der Freien Universität Berlin. Prominentester Fürsprecher dieser Ehrung war Theodor W. Adorno, mit dem Hans Kudszus seit den 50er Jahren befreundet war und seither auch im Briefwechsel stand.
Hans Kudszus starb am 13. April 1977 im Sankt Gertrauden-Krankenhaus in Berlin.

EDITORISCHE NOTIZ

Mit der vorliegenden Publikation soll an den Aphoristiker Hans Kudszus erinnert werden.
Zu seinen Lebzeiten ist ihm, fast gegen seinen Willen, nur eine einzige Buchveröffentlichung abgerungen worden. Ohne die Initiative von Joachim Günther und Dieter Hildebrandt hätte es die Zusammenstellung der rund 600 Aphorismen des Bandes »Jaworte, Neinworte« wohl niemals gegeben. Das Buch erschien im Jahr 1970 in der Bibliothek Suhrkamp (in einer Auflage von 3000 Exemplaren) und war nach kurzer Zeit vergriffen. Es mag ein Zufall sein, daß mir in einem Antiquariat ein Widmungsexemplar der »Jaworte, Neinworte« in die Hände gefallen ist. In dieses hatte der Vorbesitzer zahllose Zeitungsausschnitte aus dem »Tagesspiegel« mit vielen mir unbekannten Aphorismen von Hans Kudszus gelegt. Neugierig geworden, begann ich daraufhin, nach weiteren Texten zu suchen.
Wie umfangreich das »verschollene« Werk von Hans Kudszus tatsächlich ist, zeigte sich dann erst bei einer Durchsicht des Nachlasses und bei der Recherche in Archiven und Bibliotheken. Es

konnten dabei, neben den zahllosen publizistischen Beiträgen zu philosophischen Themen, zusätzlich fast 1000 Aphorismen ausfindig gemacht werden, die in Buchform bisher unveröffentlicht waren. Die vorliegende Auswahl von 300 Aphorismen beruht ausschließlich auf diesen neu (bzw. wieder-) aufgefundenen Stücken. Für die Abdruckgenehmigungen der zuerst im »Tagesspiegel« bzw. in den »Neuen Deutschen Heften« gedruckten Aphorismen bin ich Dr. Hermann Rudolph und Barbara Günther-Hendler zu Dank verpflichtet.

Theodor W. Adorno schrieb seine Würdigung des Philosophen Hans Kudszus als Gutachten für die Philosophische Fakultät der Freien Universität Berlin anläßlich der geplanten Ehrenpromotion. Dieser Text fand sich im Theodor W. Adorno Archiv (Frankfurt am Main), dessen Leiterin Dr. Gabriele Ewenz freundlicherweise seinen Erstabdruck genehmigte. Es gibt wohl nur wenige Arbeiten Adornos, in denen er sich so persönlich und so voller Hochachtung über einen Zeitgenossen geäußert hat.

Christiane Vielhaber hat durch ihr kritisches Mitlesen und Mitdenken viel zu dem Band beigetragen. Immer wenn die editorische Arbeit ins Stocken geriet, hat sie zudem durch ihre gewohnt zupackende Art dafür gesorgt, daß Hindernisse aus dem Weg geräumt werden konnten; nicht nur dafür bin ich ihr sehr verbunden.

Hilfreich unterstützt wurde diese Publikation von der Familie und den Freunden von Hans Kudszus, die jederzeit mit Auskünften und Dokumenten zu seinem klandestinen Lebensweg weiterhalfen.

Mein ganz besonderer Dank gilt Dieter Hildebrandt, denn er hat die Entstehung dieses Buches von Anfang an mit Rat und Tat begleitet. Sein freundliches Engagement und die zahlreichen Hinweise, die er mir gegeben hat, waren in der Phase der Sammlung und Anordnung der Texte eine entscheidende Hilfe. Sein Vorwort leistet überdies einen wesentlichen Beitrag zur Würdigung des philosophischen Aphoristikers Hans Kudszus.

Albrecht Pfundt

Dieter Hildebrandt

Geboren am 1.7.1932 in Berlin. Studium der Germanistik und der Theaterwissenschaft, Promotion. Journalist, Lektor, Dramaturg und schließlich freier Autor und Übersetzer. Lebt im Spessart. Virtuoser Verfasser von literarischen Reportagen, Romanen und Biographien.
Neueste Veröffentlichungen:
Piano, piano! Roman des Klaviers im 20. Jahrhundert.München 2000.
(Hrsg.) Wenn der Biber Fieber kriegt. Komische Tiergedichte. Zürich 2002.

Theodor W. Adorno

Der Philosoph, Soziologe und Musiktheorethiker Th. W. Adorno wurde am 11. September 1903 als Theodor Wiesengrund in Frankfurt am Main geboren. 1925 war er Kompositionsschüler bei Alban Berg in Wien, 1931 habilitierte er sich über Kierkegaard in Frankfurt, 1934-49 ging er in die Emigration nach England und den USA, aus der er 1949 nach Deutschland zurückkehrte.
Hier lehrte er dann an der Universität Frankfurt Soziologie und Philosophie und trat auch als Musiktheorethiker hervor (»Philosophie der neuen Musik«, die Arnold Schönbergs Zwölftonreihe aufnimmt, sowie »Einleitung der Musiksoziologie«). Gleichzeitig leitete er mit Max Horkheimer, mit dem er schon während der Emigration in den USA zusammengearbeitet hatte, das Institut für Sozialforschung in Frankfurt, das zum Zentrum der »Kritischen Theorie«, der sogenannten Frankfurter Schule, werden sollte.

Diese Theorie wirkte auf die Studentenbewegung der 60er Jahre, wurde später jedoch von der »Neuen Linken« heftig kritisiert. Adornos 1961 begonnene Auseinandersetzung mit Methodenproblemen der Sozialwissenschaft wurde von Jürgen Habermas und Hans Albert fortgesetzt. Der Protagonist der Frankfurter Schule starb am 5. August 1969 im schweizerischen Visp.

> *»Man muß alle Schriftsteller zweimal lesen,*
> *die guten und die schlechten.*
> *Die einen wird man erkennen,*
> *die anderen entlarven.«*
> Karl Kraus

In unserer Aphorismenreihe sind in derselben Ausstattung erschienen:

> Franz Kafka
> *Auf dieses Messers Schneide leben wir*

François VI de La Rochefoucauld
Sätze aus der höheren Welt- und Menschenkunde

> Stanislaw Jerzy Lec
> *Unfrisierte Gedanken*
> *Neue unfrisierte Gedanken*

Friedrich Nietzsche
Menschlichkeitsmenschen

> William Shakespeare
> *Der Rest ist Schweigen*

Virginia Woolf
Leben & Schreiben

Büchergilde Gutenberg

Lizenzausgabe für die Büchergilde Gutenberg,
Frankfurt am Main, Wien und Zürich 2003
Die Originalausgabe dieser Publikation
erschien 2002 im MATTO Verlag, Köln.
Sie ist zusätzlich mit 25 Federzeichnungen von
Alfonso Hüppi ausgestattet, die der Künstler
eigens zu der vorliegenden Aphorismensammlung
geschaffen hat.
Alle Rechte vorbehalten
Gesetzt aus der Meta
Druck und Bindung: F. Pustet, Regensburg
Printed in Germany 2003
ISBN 3 7632 5398 x

www.buechergilde.de